이 책을 쓴 필립 메리외는

1949년에 프랑스에서 태어났습니다. 프랑스 교육학자이자 정치가이며 작가로도 활동하고 있습니다. 일찍부터 사회 교육운동에 관심을 갖고 교육제도 개혁을 이야기해 왔으며, 1990년대 초 프랑스 고등학교 교과과정 개혁과 교사양성 전문대학원(IUFM) 설립에도 영향을 미쳤습니다. 2010년 프랑스 지방선거에서 유럽 환경녹색당 후보로 당선하여, 론알프 지역의회의 평생교육 담당 제2부의장으로 지방자치에 참여하고 있으며, 리용2대학 교육학과 교수이기도 합니다. 지은 책으로는 《학교 사용법》, 《교육의 선택 - 윤리학과 교수법》, 《학교 또는 시민전쟁》(공저), 《학교 만들기, 교실 만들기》, 《교수법 : 저항할 의무》, 《세상의 저편 : 그리스 신화의 인물과 전설》 들이 있습니다.

그림을 그린 페프와 쥬느비에브 페리에는 부부입니다.

페프의 본명은 피에르 엘리 페리에입니다. 1939년 프랑스에서 태어났습니다. 고등학생 때 《교육(L'Education)》 신문이 주관하는 미술대회에 참가하여 상을 받았습니다. 《예술(Arts)》지에 시사만화를 그렸고, 《프랑죄(Franc-jeux)》지의 만화가 겸 편집자, 잡지 《쉼표(Virgule)》의 편집국장을 지냈습니다. 1975년에 여가수 안 실베스트르(Anne Sylvestre)와 함께 제작한 동요음반으로 아동문학 출판계에 이름을 알리기 시작하였고, 대표작 《모토르뒤 왕자》 시리즈를 포함하여 150여 권에 달하는 아동용 그림책을 직접 저술하거나 삽화를 그렸습니다. 인종차별주의, 폭력, 죽음 등의 어려운 주제를 그림으로 유머러스하게 풀어내는 솜씨가 뛰어납니다. 페프가 그린 그림은 대부분 부인이자 화가인 쥬느비에브 페리에가 색칠을 합니다. 2007년에는 프랑스 도서관협회(ABF)와 프랑스 어린이도서 전문서점협회(ALSJ)가 페프의 작품 전체를 '마녀상 특별대상'으로 선정하였습니다. 쓰고 그린 책으로 《모토르뒤 왕자》 시리즈와 《어느 날, 전쟁 기념탑에서》, 《종소리 전쟁》 들이 있습니다.

이 책을 우리말로 옮긴 윤경은

1963년 서울에서 태어나 서울대학교 불문과와 서강대학교 대학원을 졸업하고, 파리7대학과 10대학에서 DEA와 박사과정을 마쳤습니다. 지금은 외국의 어린이와 청소년책을 소개하고 우리말로 옮기고 있습니다. 옮긴 책으로는 《꼬마 니콜라》 시리즈, 《오늘이 보이는 세계사》, 《엄마와 함께 보는 인상파 미술》, 《사탕이 싫어》, 《아빠와 기타》 들이 있습니다.

✱ 본문에서 약간 흐린 색으로 된 문장은 야누시 코르차크의 말이나 생각입니다.

도토리숲 평화책 08
야누시 코르차크 어린이들의 영원한 친구

초판 1쇄 펴낸 날 2014년 2월 18일
개정판 1쇄 펴낸 날 2022년 1월 21일

글쓴이 필립 메리외 | **그린이** 페프 | **색칠한이** 쥬느비에브 페리에
옮긴이 윤경 | **펴낸이** 권인수 | **펴낸 곳** 도토리숲

출판등록 2012년 1월 25일(제313-2012-151호)
주소 (우)03940 서울 마포구 월드컵북로 207, 302호(성산동 157-3)
전화 070-8879-5026 | **팩스** 02-337-5026
이메일 dotoribook@naver.com | **인스타그램** @acorn_forest_book
기획·편집 권병재 | **디자인** 도도디자인
ISBN 979-11-85934-79-2 74990
       979-11-85934-08-2 (세트)

✱ 이 책의 내용을 재사용하려면 반드시 출판사와 저작권사의 허락을 받아야 합니다.
✱ 책값은 뒤표지에 있습니다.
✱ 잘못 만든 책은 구입하신 서점에서 바꾸어 드립니다.

First published in France under the title:
Korczak, pour que vivent les enfants
by Philippe Meirieu & Pef

© Rue du Monde, 2012
All rights Reserved

This Korean edition is published by arrangement with Rue du Monde through Hannele and Associates and ICARIAS AGENCY.

이카리아스 에이전시를 통해 Rue du Monde와 독점 계약한 책으로, 한국어판 저작권은 '도토리숲'이 소유합니다.
저작권법에 따라 한국 내에서 보호를 받는 저작물이므로 무단 전재와 복제를 금합니다.

제조자명 도토리숲 / **제조국** 대한민국 / **사용연령** 7세 이상

야누시 코르차크
어린이들의 영원한 친구

글쓴이 · **필립 메리외**
옮긴이 · **윤경**

그린이 · **페프**
색칠한이 · **쥬느비에브 페리에**

도토리숲

헨리크*는 어린이들을 무척 사랑한
젊은이예요. 엉뚱한 상상을 하기를 좋아했죠.
나중에는 자기 이름을 새로 짓기도 했어요.
새로 지은 이름이 바로 야누시 코르차크랍니다.

헨리크가 열일곱 살이 되던 해였어요.
이때 폴란드는 러시아의 지배를 받고 있었어요.
어머니 홀로 생계를 꾸리기가 힘들어지자,
헨리크는 동네 어린이들을 모아 공부를 가르치며 돈을 벌기로 했어요.
어린이들의 관심을 끌려고 포크, 나무토막, 장갑 따위를 가지고 어린이들을 가르쳤어요.
포크, 장갑으로 재미난 이야기도 지었어요.
장갑은 용맹한 왕이 되고, 포크는 무서운 용이 되었죠.
동화처럼 재미난 이야기를 하면서 어린이들에게 문법을 설명하고,
역사도 알려 주었어요. 기술과 수학도 가르쳐 주었답니다.

1896년, 20세기가 코앞으로 다가왔어요.
바르샤바 거리에 처음으로 자동차가 다니기 시작했어요.
이제 막 발명된 영화도 볼 수 있었죠.
헨리크는 어린이들에게 사람들이 만들어 낸 발명품
이야기를 해 주었어요. 어린이들은 깜짝 놀랐지요.
헨리크는 어린이들이 모든 걸 이해하고 배울 수 있도록 도와주었어요.

* 헨리크: 야누시 코르차크(Janusz Korczak)의 실제 이름은 헨리크 골드슈미트(Henryk Goldschmidt)입니다.
  문학 작품을 발표하면서 야누시 코르차크라는 이름을 썼습니다.

헨리크는 집으로 돌아오는 길에 가난한 사람들이 사는 거리를 지나게 되었어요.
거기서 거리의 아이들을 보았죠.
말썽꾸러기들이고,
돈이 없어 학교를 다닐 수 없는 어린이들이었지요.
헨리크는 멀리서 지켜보다가 조심스럽게 다가가 아이들을 불러모았답니다.

그리고 얼마 지나지 않아, 거리에서 아이들과 어울려 공부를 했죠.
지나가던 개구쟁이들도 모여들었어요.
모두 둘러앉아 이야기를 들었지요.
아이들은 돈이나 빵을 달라고 졸랐지만,
헨리크는 그 대신 열심히 이야기를 들려주고 가르쳤어요.
그렇게 거리의 아이들은 헨리크에게 폴란드 지리를 배웠고,
헨리크도 아이들에 대해 배웠답니다.

"어린이들은 아무리 지독한
말썽꾸러기일지라도
진지하게 대한다면,
우리 믿음을 저버리지 않습니다."

헨리크가 어린이들을 가르치며 돈을 벌어야 하는 이유가 하나 더 있었어요.
아버지가 얼마 전에 돌아가셨기 때문이에요.
아버지는 모두가 존경하는 변호사였지만, 정신병에 걸렸어요.
가끔은 갑작스레 크게 화를 내 무섭기도 했답니다.

할머니와 어머니와 누나가 헨리크를 보살폈어요.
하지만 어떨 때는 헨리크를 인형처럼 대하기도 하고,
거의 말도 하지 않았지요.

헨리크는 학교에 들어가기 전에 여자 가정교사에게 엄하게 교육을 받았어요.
그리고 '우울하고 엄격한' 학교에 입학했죠.
학교 선생님들은 학생들이 조금만 지각하거나 철자를 하나만 틀려도 매를 들었답니다.
그래서 헨리크는 어른이 되면,
어린이들을 무섭게 대하지 않겠다고 다짐했어요.
거리에서 가르친 것처럼 어린이들과 함께하기로 한 것이죠.

'어른들과 어린이들은
서로 잘 이해하지 못해요.

…… 마치
서로 다른 종족인 것처럼 말이죠.'

헨리크 골드슈미트가 '야누시 코르차크'라는
이름을 쓰기 시작한 것은
어느 문학 경시대회에 참가하면서예요.
학생 때, 코르차크는 작가가 될지,
선생님이 될지 망설였답니다.
하지만 코르차크는 의사가 되기로 했어요.
어린이들은 무엇보다 건강해야 하기에
이를 돕고 싶었던 거예요.
코르차크는 유대인 아이들을 위한
작은 병원에서 일했어요.
칠 년 동안 이 병원에 있으면서
어린이들의 병을 치료하는 데 헌신했어요.

코르차크는 밤낮을 가리지 않고
병원에서 일했어요.
자기 호주머니를 털어
아픈 어린이들에게 줄 약이나
장난감을 사 주기도 했지요.

코르차크는 병원 침대에 앉아
어린이들의 이야기를 들어 주었어요.
그리고 신기한 이야기나 재미난 이야기로
아픈 어린이들의 마음을 편안하게 해 주었죠.

하지만 코르차크는 알고 있었어요.
많은 어린이들이 병이 나으면
다시 비참한 생활로 돌아간다는 것을요.
거리에서, 때로는 집에서 가족들에게
학대를 받는다는 사실을요.

"문학은 말일 뿐이지만,
의술은 행동입니다!"

1910년 새해가 밝았습니다. 코르차크는 서른두 살이 되었어요.
코르차크는 결혼을 하겠다는 생각보다는 어린이의 권리를 지켜 주면서
어린이들을 잘 돌볼 수 있는 '작은 공화국'을 만들기로 마음먹었어요.
버려진 어린이들도 행복하게 지낼 수 있는 집을 짓기로 한 것이죠.

코르차크는 스테파*라는 젊은 여성과 힘을 모았어요.
스테파도 어린이 교육에 대한 열정이 남달랐거든요.
두 사람은 2년 동안 가족이 없는 유대인 어린이들을
돌볼 수 있는 '고아들의 집'을 만들 준비를 했어요.

코르차크와 스테파는 유대인이건 아니건
폴란드에 있는 고아들을 모두 데려오고 싶었어요.
하지만 그때 폴란드에서는 어린이들을 종교에 따라
나누어 돌봐야만 했지요.

---
* 스테파: 본명은 스테파니아 빌친스카(Stefania Wilczynska, 1886년~1942년). 코르차크와 함께 고아들의 집에서 어린이를 돌보다 1942년 코르차크와 어린이들과 함께 수용소에서 죽음을 맞았습니다.

코르차크와 스테파는 땅을 사고,
건축가와 함께 설계도를 그렸어요. 아주 작은 부분까지 신경을 썼지요.
못 하나, 선반 하나도 어린이들의 생활과 교육에 도움이 될 수 있도록 말이지요.

보건실도 있고, 교실도 있어야 했어요. 강당과 놀이터도 있어야 했죠.
이렇게 해서 가난한 어린이들이 편안하게 지낼 수 있는 곳이 처음으로 마련되었어요.
바르샤바 크로흐말나 92번지 거리에 중앙난방 시설도 있고,
전기도 들어오는 고아들을 위한 집이 생긴 거예요. 거기에 목욕탕까지 있고요!

'고아들의 집'에 아이들이 왔어요. 아이들은 추위에 얼어 있었고,
흥분해서 시끄럽게 굴고 무례하기까지 했어요.
코르차크와 스테파에게 감사하기는커녕 바로 전쟁을 선포했지요.
철저하게 반항하면서, 싸우고, 물건을 깨뜨리고 훔쳤어요.
어떤 아이들은 아예 아무 일도 하지 않겠다고 버텼어요.

코르차크는 인내심을 가지고 해결할 방법을 찾았어요.
도저히 싸움을 멈추게 할 수 없었죠.
그래서 점수를 매기는 규칙을 만들었어요.

아이들은 주마다 10점까지만 싸울 수 있었어요.
작은 싸움은 1점, 보통 싸움은 2점 그리고 큰 싸움은 3점이었지요.
아이들이 점수를 스스로 관리하지 못하면,
고아들의 집에서 나가야 한다는 규칙도 있었어요.
그러자 가장 심한 말썽꾸러기들까지도 싸우기 전에
한 번 더 생각해야 한다는 걸 배우게 되었지요.

"어린이들은 우리가 조종할 수 있는
인형이 아닙니다. 어린이들을
있는 그대로 받아들이면서 교육해야 합니다.
그래야만 어린이들이 발전할 수 있습니다."

코르차크와 스테파는 고아의 집에 어린이 의회를 만들어,
어린이들 스스로 단체 생활 규칙 따위를 토론하고 결정할 수 있도록 했어요.
또 어린이 법정을 만들어 서로서로가 행동을 판단할 수 있도록 했어요.
어린이 법정은 어린이 판사가 다섯 명이었는데,
한 주 동안 아무 문제도 일으키지 않는 어린이들 가운데 추첨을 해서 뽑았어요.
그리고 어른도 한 명 있었죠.
어른은 무슨 사건 때문에 어린이 법정이 열렸는지를 설명하고,
재판이 잘 진행되도록 돕는 역할을 맡았어요.

어린이 판사 다섯 명은 무죄를 선고하거나, 용서하거나,
유죄 판결을 내릴 수 있었어요.
어린이 판사들은 재판을 받는 어린이에게
무죄를 선고할 수 있는지를 먼저 살펴봤어요.
만약 무죄를 선고할 수 없을 때는 용서를 할 것인지
벌을 줄 것인지를 결정했지요.
가장 무거운 벌은 하루 또는 며칠 동안 권리를 빼앗는 것이었어요.
어린이 법정은 고아들의 집에서 펴내는 신문에
판결 내용을 게재할 수도 있었답니다.

토론하고, 투표하고, 결정하고, 공표해서 동의를 받는
그 모든 과정이 아주 투명하게 진행되었던 것이죠!

시간이 지나면서 싸움은 없어졌어요.
싸움이 대화로 바뀌어 갔어요.
그러다 보니 아이들은 말이 점점 많아졌어요.
코르차크는 아이들의 말을 듣느라 정신이 하나도 없었어요!
아이들은 말하고 싶은 걱정거리가 많았고,
그것들을 표현하고 싶어 안달을 했어요.
고아들의 집 모든 어린이들은 코르차크가 자기부터
안심시켜 주고, 자기 질문에 바로 대답해 주기를 바랐어요.
모두들 코르차크를 독차지하고 싶어 한 거예요.

코르차크는 이렇게 소매를 잡아끌며 매달리는 아이들에게
바로 답을 주지 말아야겠다고 생각했어요.
대신 이렇게 말했어요.
"요청할 것이 있으면 편지를 써서 우편함에 넣어 놓으렴.
그러면 저녁에 답장을 할 게."
글자를 모르는 아이에게는 이렇게 말했지요.
"글자를 아는 친구에게 도움을 받으려무나."
그리고는 날마다 아이들이 넣은 편지에
하나하나 답장을 했어요.

"어린이들은 바로 조르는 대신, 기다려야 한다는 걸 배웠지요. 그래야 정말 원하는 것이 무엇인지 스스로 설명할 수 있고, 원하는 것이 정당한 것인지도 되짚어 볼 수 있어요. 이러면서 생각하는 법을 배우게 됩니다."

1914년 8월에 제1차 세계 대전이 일어났어요. 코르차크는 러시아 군인으로 전쟁에 나가게 되어, 고아들의 집을 떠날 수밖에 없었어요. 어린이 150명이 사는 고아들의 집을 이제 스테파 혼자서 돌보야 했어요.

"어린이들에게 어떻게
사랑을 주느냐고요?
무작정 친절하게만 대한다면
어린이들의 발전에
도움이 되지 않지요.
너무 엄격하기만 하다면
불신과 거부를 낳을 뿐이죠.
친절하면서도 엄격하게 대해야
어린이들이 올바르게
성장할 수 있답니다."

코르차크는 군의관으로 야전병원*에서
다친 군인들을 치료했어요.
그러다 가까운 곳에 난민 아동 수용소가
있다는 사실을 알게 되었지요.
수용소는 어린이들을 '마치 전쟁 쓰레기처럼
모아 놓은 쓰레기통' 같았답니다.
코르차크는 시간이 날 때마다 몰래
수용소를 찾아가 다친 어린이들을 치료하고
공부도 가르쳐 주었어요.

코르차크는 제1차 세계 대전이 일어난 4년 동안 다친
군인들을 치료하면서 전쟁에서 버려진 어린이들을 도왔어요.
이때 《어떻게 아이들을 사랑해야 하는가》라는 책을 썼어요.
책이 여러 나라에 전해지면서 코르차크도 널리 알려졌어요.
코르차크에게 책을 쓰는 일도 항상 머리에서 떠나지 않는
고아들의 집 어린이들을 위한 일이었지요.

* 야전병원: 전쟁에서 다친 군인들을 치료하기 위해 세운 병원.

1918년 11월 어느 날 밤, 고아들의 집 아이들은 아무도 잠들지 못했어요.
그리고 동이 틀 무렵, 모두들 마당으로 나왔어요.
아주 어린 아이들은 코르차크를 잘 기억하지 못했어요. 코르차크가 전쟁터로
떠난 다음에 고아들의 집으로 온 아이들은 코르차크를 한 번도 만난 적이 없었고요.
하지만 코르차크가 어떤 사람인지는 모두가 알고 있었어요.
그런데 이 추운 아침에 코르차크가 돌아온대요. 전쟁이 끝난 거예요.

드디어 코르차크가 왔어요. 코르차크는 천천히 심각한 얼굴로
마당 한가운데에서 들어서더니, 들고 있던 가방을 내려놓았어요.
그러고는 고개를 돌려 아이들 얼굴을 하나씩 찬찬히 쳐다보았죠.

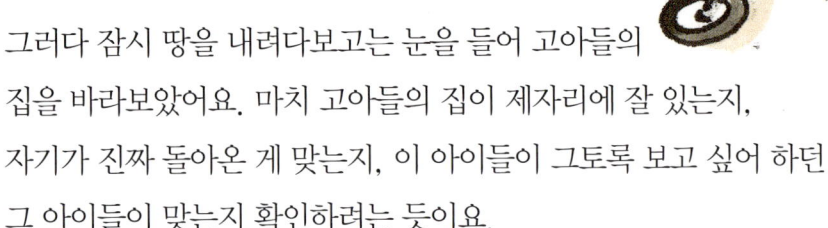

그러다 잠시 땅을 내려다보고는 눈을 들어 고아들의
집을 바라보았어요. 마치 고아들의 집이 제자리에 잘 있는지,
자기가 진짜 돌아온 게 맞는지, 이 아이들이 그토록 보고 싶어 하던
그 아이들이 맞는지 확인하려는 듯이요.

아무도 움직이지 않았어요. 갑자기 코르차크가 눈썹을 찡그리며
안경을 올렸어요. 안경 밑에서 나타난 눈동자에는 장난기가 가득했어요.
코르차크는 손뼉을 치며 펄쩍 뛰어오르더니,
아이들에게 달려가 차례로 힘껏 안아 주었어요.
어린이들을 사랑하는 코르차크가 돌아온 거예요!

"오늘은 누가 누가 청소 당번이지?"
"교실 청소 당번은?"
"식당 청소 당번은?"
코르차크는 날마다 물었어요.

고아들의 집에서는 누구나 자기가 맡은 일을 했어요.
남자와 여자를 차별하지 않았고,
나이가 많고 적고를 따지지도 않았지요.
정말로 평등했어요.

코르차크는 새로 들어오는 아이들이 놀라지 않게 잘 설명해 주었어요.
"얘들아, 여기에서는 청소하는 게 창피한 일이 아니란다.
우리는 빗자루와 걸레를 계단 뒤에 있는 골방에 치워 두어야 할 물건이 아니라
명예로운 일을 하는 도구라고 생각하거든!"

전쟁이 유럽을 휩쓸고 지나가 슬픔이 가득했지만,
삶은 계속되어야 했어요.

"식탁을 깨끗이 닦는 것도
열심히 공부하는 것만큼
가치 있는 일입니다!"

전쟁으로 바르샤바에 사는 어린이 수천 명이 부모를 잃었어요. 그래서 코르차크는 도시 남쪽에 고아들을 위한 두 번째 집을 짓기로 했어요. '우리들의 집'이에요. 생활 규칙도 '고아들의 집'과 똑같았지요. 코르차크는 날마다 어린이들에게 재미있는 이야기를 들려주어 공부에 흥미를 느낄 수 있게 도와주었어요. 아슬아슬한 이야기도 있고, 상상 속 영웅들을 만나는 이야기도 있었어요. 그 이야기들에는 열 살에 왕이 된 마치우시 1세 이야기도 있었지요.

"초록색 깃발이라고?
노동자들의 빨간 깃발 때문에 걱정이 태산인데,
이제 어린이들까지 들고일어나다니,
정말 가관이로군!"
*야누시 코르차크의 《마치우시 1세》에서

마치우시 1세 이야기는 이래요.
세상은 이기적인 어른들과 거짓말쟁이들 그리고 권력에 눈먼 사람들로 가득했어요. 마치우시 왕은 이런 세상을 올바르게 돌려놓고 싶었어요. 가난과 전쟁도 없애고 말이지요.
마치우시 왕은 어린이를 상징하는 초록색 깃발을 선택했답니다.
그리고 어느 날, 어른들을 모두 학교로 돌려보내고, 어린이들에게 권력을 주었지요.
하지만 어린이들은 나라를 잘 다스리지 못했어요. 결국 마치우시 왕은 처형당하고 말았어요.

하지만 마치우시 1세는 오늘날에도 여전히 살아 있답니다.
해마다 전 세계 어린이들이 코르차크가 쓴 책 《마치우시 1세》에서 만나고 있으니까요!

어린이들이 작다고 해서
슬픔도 작은 것은 아닙니다.
어린이들에게도 감정이 있고
비밀이 있고, 사생활이 있습니다.

어린이들이 작다고 해서
생각도 작은 것이 아닙니다.
어린이들의 생각을 진지하게 받아들이세요.
어린이와 관련된 문제라면
어린이들도 이야기할 자격이 있습니다.

국제연합
기자 대표단 출입구

여러 해 동안 코르차크는 지칠 줄 모르고 어린이들의 권리를 위해 싸웠어요. 여기저기서 강연을 하고 기사도 썼어요. 그러자 조금씩 변화가 나타나기 시작했어요. 마침내 1924년, 50개 나라가 '제네바선언'을 채택한 거예요. 이것이 세계 최초로 채택한 '아동권리선언'이에요. '인류는 어린이에게 최상의 것을 제공할 의무가 있다'고 선포한 거예요. 어린이를 완전한 인격체로 인정해야 한다는 것이지요. 코르차크는 아동권리선언이 채택되어 기뻤지만, 좀 더 나아가 실제로 약속을 지켜 주기를 바랐어요.

코르차크는 어린이도 완전한 인간이기 때문에 모든 일에 자기 의사를 표현할 권리가 있다고 생각했어요. 그래서 코르차크는 1926년에 온전히 '어린이들을 위한', '어린이들에 의한' 신문을 만들었어요. 이것이 《작은 비평》이라고 하는 어린이 신문이에요. 금요일마다 두 가지로 발행했어요. 아침에는 나이 어린 어린이들을 위해 동물이나 재미있는 놀이 따위의 내용을 담고, 저녁에는 더 큰 어린이들을 위해 세상의 여러 이야기를 담았어요.

《작은 비평》은 커다란 성공을 거두었어요.
편집국에 어른이라고는 코르차크 딱 한 명밖에 없었지만,
순식간에 발행 부수가 15만 부까지 늘었어요.
어린이 통신원은 2000명도 넘었어요.
어린이 통신원들은 작은 선물을 받기도 했지요.
폴란드 각지에서 수백 통의 편지와 기사가 날아들었어요.
기사를 글로 쓰고 싶지 않은 어린이들은 직접 와서
기사를 말로 전달하기도 했어요.
새로운 공놀이에 대한 이야기도 다루었지만,
훨씬 중요한 문제를 다루기도 했지요.
한 어린이는 《작은 비평》에 이렇게 털어놓았어요.
"저도 폴란드 국민인데, 유대인 어린이라서 그런지
이방인이나 외국인 취급을 받는 것 같아요."

이처럼 유대인들에게는 걱정이 많았어요.
유럽 여러 나라가 유대인들을
모든 악의 근원으로 보기 시작했기 때문이에요.
코르차크도 유대인이었기 때문에 수없이
모욕을 당했고, 반유대주의자들에게 공격도 받았어요.
그때 코르차크는 '할아버지 의사의 이야기 가게'라는
라디오 프로그램을 진행했는데,
방송이 여러 번 중단되기도 했어요.
그래도 라디오 프로그램은 큰 성공을 거두었답니다.

1933년, 독일에서 히틀러와 나치가 정권을 잡았어요.

1936년, 코르차크는 일기장에 이렇게 썼지요.
'최악의 사태가 닥칠 것 같아 걱정이다.'

1939년, 나치 독일이 폴란드를 침공했어요.
바르샤바는 폭격을 당해,
온 도시가 불바다로 변했어요.

1940년, 나치는 모든 유대인을 집단 거주지인
게토에 강제로 몰아넣었어요.
게토는 자유로운 출입이 차단된 구역으로,
비좁고 처참한 빈민가였지요.
고아들의 집도 그곳으로 옮겨야 했어요.

1942년, 나치는 유럽에 있는 유대인들을
몰살하기로 했어요. 이때 약 600만 명이 넘는
유대인들이 나치에게 학살당했어요.

코르차크는 나치의 위협에 맞섰어요.
폐허 한복판에서도 어린이들을 안심시키고
기부금을 모으기 위해 가끔씩 어릿광대 공연을 했지요.

위험 속에서도 코르차크는 꿋꿋했어요.
나치가 유대인을 구별하려고 만든 '다윗의 별'*
표시를 어린이들에게 달도록 강요했지만
코르차크는 거부했어요.
그리고 어린이 수천 명을 게토에
짐짝처럼 몰아넣는 정책에 맞서 싸웠어요.
코르차크는 끝까지 자기 신념을 굽히지 않았답니다.

이때에도 '고아들의 집'은 있었어요.
어린이 의회와 법정도 있었죠.
아이들은 날마다 정성을 다해 식탁을 닦고
자기가 맡은 일을 했어요.
그렇다고 수학 시간이나 재미난 이야기를
놓치는 아이는 없었답니다.

---

* 다윗의 별: 육각형으로 된 별 모양 표시.
  1940년대 히틀러와 나치는 유대인과 일반인을 구별하기 위해,
  모든 유대인에게 이 별 모양을 달도록 강요했습니다.

1942년 8월 6일 아침 7시. 고아들의 집에 있던 아이들과 코르차크가
아침 식사를 막 마치고 식탁을 치우고 있을 때였어요.
갑자기 호루라기 소리가 두 번 들려왔어요.
마당에 나치 군인들이 들이닥친 거예요.
"유대인들은 다 나와!"

코르차크는 어린이들을 불러모았어요.
"모두 짐을 싸자. 가장 소중하게 생각하는 것들을 챙기렴.
우린 이제 떠나야 한단다. 나도 너희와 함께 갈 거야."

가장 좋은 옷을 입은 '고아들의 집' 어린이 192명은
나치 군인들이 가리키는 방향으로 네 줄로 걸어갔어요.
코르차크, 스테파 그리고 다른 선생님 여덟 명도 어린이들과 함께 갔지요.
나이가 가장 많은 아이가 맨 앞에 서서 어린이의 상징인
초록색 깃발을 들었어요. 마치 마치우시 왕처럼요.

모두들 광장에 다다랐어요. 넓은 마당이 어린이들로 가득 찼어요.
유대인 어린이 4000명이 바르샤바에 있는 게토에서 여기로 끌려왔기 때문이에요.
나치 병사들은 어린이들을 모두 열차에 태웠어요. 가축을 운반하는 열차에요.
코르차크도 가장 어린 아이의 손을 잡고 조심스럽게 올라탔어요.

열차가 움직이기 시작하더니 죽음의
강제 수용소가 있는 트레블링카 방향으로
멀어져 갔어요.

그 뒤, 코르차크, 스테파 그리고 '고아들의 집'
어린이들은 강제 수용소에서 죽음을 맞았어요.
열차에 탄 유대인 가운데에서
살아남은 사람은 단 한 명도 없었어요.

코르차크는 목숨을 구할 수도 있었어요.
코르차크를 구하려는 사람들이 있었거든요.
하지만 코르차크는 어린이들과 함께
열차를 탔어요. 사랑하는 어린이들을
버리고 갈 수는 없었으니까요.

코르차크는 항상 어린이와 함께했어요.
'고아들의 집' 어린이들과 그리고
다른 모든 어린이들과 함께했어요.

어린이들의 영원한 친구, 야누시 코르차크

야누시 코르차크는 어린이들 곁에서
어린이들을 존중하며,
어린이와 어른의 온당한 관계를
만드는데 일생을 바쳤습니다.

야누시 코르차크의 일생

1935년, '고아들의 집' 밤나무 그늘에서. 어린이들, 선생님들과 함께.

- **1878년(또는 1879년) 7월 22일**
헨리크 골드슈미트가 바르샤바 유대인 가정에서 태어납니다. (아버지가 출생 신고를 늦게 했기 때문에 정확히 몇 년도에 태어났는지는 알 수 없습니다.) 이때 폴란드는 러시아의 지배를 받고 있었습니다.

- **1889년**
아버지가 정신이상 증세를 보이기 시작합니다. 헨리크는 외로웠지만, 생각과 꿈이 많은 어린이였습니다. 글도 많이 썼습니다. 그리고 이때부터 바르샤바의 가난한 어린이들을 보고 교육에 대한 열정을 키우기 시작했습니다.

- **1898년**
스무 살이 되었습니다. 의학을 공부했고, 아동심리학과 문학에도 관심이 많았습니다. 이때 '야누시 코르차크'라는 필명으로 연극 각본을 써서 문학 경시대회에 참가했습니다.

- **1905년**
의학박사 학위를 받았습니다. 러일전쟁이 일어나 러시아 군인으로 징집되어 참전했습니다.

- **1906년**
전쟁에서 돌아와 유대인 어린이들을 위한 작은 병원에서 일했습니다. 가난한 사람들을 무료로 치료해 주고, 《살롱의 아이》라는 첫 번째 소설을 발표했습니다. 문학 작가로서도 이름을 알리게 되었습니다.

- **1907년과 1908년**
여름 캠프에 참가하고, 이때 경험으로 아이들에게 좋은 생활 규칙을 마련해 주는 일이 얼마나 중요한지를 깨닫게 됩니다.

- **1908년**
버려진 어린이들을 위한 시설에서 봉사합니다. 여기에서 평생의 동료인 스테파니아 빌친스카(스테파)를 만납니다.

- **1910년**
스테파와 함께 유대인 어린이들을 위한 고아원을 설립하기로 합니다. 어린이들을 위해 좋은 집을 짓고 싶어서 유럽을 돌아다니며 여러 고아원들을 방문했습니다.

- **1912년**
크로흐말나 92번지 거리에 '고아들의 집'을 엽니다.

- **1914년**
제1차 세계 대전이 일어나자, 다시 러시아 군인으로 징집돼 전쟁에 나갑니다. 길거리에서 만난 아이들을 보살펴 줍니다. 특히 키예프에서 그랬습니다. 《어떻게 아이들을 사랑해야 하는가》라는 책을 씁니다.

- **1918년**
폴란드가 독립을 선언했습니다. 코르차크는 다시 '고아들의 집'으로 돌아옵니다.

- **1919년**
바르샤바 남쪽에 '우리들의 집'이라는 고아원을 하나 더 세웁니다. '우리들의 집'은 '유대인이 아닌 어린이'들을 위한 고아원입니다.

- **1922년**
《마치우시 1세》라는 책을 출판합니다. 이 책은 코르차크가 쓴 책에서 가장 유명한 책입니다. 코르차크는 도움을 요청하는 학교나 방학 캠프에서 끊임없이 어린이들 곁에서 활동합니다.

- **1924년**
세계 최초 아동권리선언인 '제네바 선언'을 약 50개 나라에서 채택했습니다.

편안한 목욕 시간. 많은 폴란드 집에서는 이런 여유를 즐기지 못했어요.

1932년, 어린이들이 어른의 도움을 받아 감자 껍질을 벗기는 모습.

● **1926년**
금요일마다 발행하는 어린이 신문 《작은 비평》을 창간합니다. 《작은 비평》은 어린이들을 위해, 어린이들과 함께 만드는 신문입니다. 이 신문은 빠른 시간에 매우 큰 성공을 거둡니다.

● **1928년**
모금 운동을 벌여 '우리들의 집'을 좋은 건물로 옮겼습니다.

● **1931년**
사회의 변화를 감지합니다. 최악의 사태가 닥칠까 봐 두려워합니다. 《광인들의 상원》이라는 책을 출판하여, 사람들에게 앞으로 닥칠 위험에 대해 경고합니다.

● **1932년**
고아원 안에 대안학교를 만듭니다. 종소리도 없고, 성적표도 없었습니다. 학생들은 하고 싶은 활동을 직접 선택했고, 연말에는 한 일에 대해 평가를 받았습니다.

● **1934년**
팔레스타인에 있는 집단 농장인 키부츠에 머뭅니다. 코르차크는 집단 농장도 흥미로운 제도라고 생각했지만, 어른들과 어린이들이 모두 같은 규칙 안에서 생활하는 일관성 있는 교육의 필요성을 깨닫습니다.

● **1934년**
팔레스타인에서 돌아와 '할아버지 의사의 이야기 가게'라는 라디오 프로그램을 진행하여 커다란 성공을 거둡니다.

● **1935년**
바르샤바에서 놀랄 만큼 활발한 활동을 전개합니다. 월요일에는 바르샤바 어린이 법원에 참여하고, 화요일과 수요일에는 사범대학에서 아동교육에 대해 강의를 했습니다. 목요일과 금요일 오전에는 '우리들의 집'에서 일하고, 금요일 오후와 토요일에는 '고아들의 집'에서 일했습니다. 그리고 일요일에는 하루종일 글을 썼습니다.

● **1936년**
폴란드에서 반유대주의 사상이 계속 번져나갑니다. 그래서 코르차크는 바르샤바 어린이 법원과 '우리들의 집'에서 차례로 쫓겨났고, 라디오 프로그램도 방송 금지를 당했습니다.

● **1939년 9월 1일**
나치 독일이 폴란드를 침공했습니다.

● **1940년 10월**
나치들이 바르샤바에서 유대인들을 격리할 집단 거주지인 게토를 만듭니다. '고아들의 집'도 게토로 옮겨야 했습니다. 아주 끔찍한 환경에서 생활해야 했습니다.

● **1942년 8월 6일**
'고아들의 집' 어린이 192명과 코르차크와 선생님 10명이 나치에게 끌려갑니다. 어린이를 상징하는 초록색 깃발을 앞세우고, 트레블린카 강제수용소로 향하는 열차에 탔습니다. 그리고 강제수용소에서 모두 죽음을 맞습니다.

야누시 코르차크와 어린이 권리 협약

프랑스에서는 1876년 마리아 드렘(Maria Deraismes)이 처음으로 '어린이의 권리'에 대해 말했습니다. 마리아 드렘은 아이들이 학대와 매질에 시달리고 버려지거나 일터에서 착취당하는 모습을 보고 너무나도 놀랐습니다. 그래서 국가가 어린이를 보호하고 가르쳐야 한다고 주장했습니다. 그 뒤 6년이 지나고, 쥘 페리(Jules Ferry)가 '의무 교육'이라는 개념을 발표했습니다. 어린이의 '교육 받을 권리'를 법률로 규정한 것입니다.

코르차크는 전쟁을 세 차례나 겪으며, 전쟁의 참혹함을 똑똑히 보았습니다. 그러면서도 전쟁의 틈바구니에서 시간 나는 대로 글쓰기에 매달렸습니다. 그 시절에 나온 책이 바로 《어떻게 아이들을 사랑해야 하는가》입니다.

바르샤바에 있던 두 게토를 연결하는 다리.
코르차크와 스테파와 선생님들 그리고 192명의 어린이들은
이 다리를 건너 트레블린카로 가는 열차에 타야만 했어요.

코르차크는 어른들이 벌인 전쟁에서 아무 죄 없는 아이들이 다치거나 죽고, 부모를 잃어 고아가 되는 기막힌 현실을 무척 슬퍼했습니다. 이유가 무엇이든, 어린이들이 행복하게 살 권리를 빼앗으면 안 된다고, 전쟁을 벌이기 전에 어린이들을 먼저 생각해야 한다고 강조했습니다. 하지만, 지금도 세계 곳곳에는 전쟁의 피해에 고통스러워하는 어린이들이 많이 있습니다. 우리나라도 지금 남과 북으로 나뉘어 있어, 전쟁의 위험에서 자유롭지 못합니다. 전쟁 없는 평화로운 세상, 인권이 보장되는 아름다운 세상에서 우리 모두 함께 행복하게 살 수 있도록, 어른들이 좀 더 현명하게 지혜를 모아야 할 때입니다.

유엔(UN, 국제연합이라고도 부릅니다.)이라는 국제기구 이름을 들어봤을 것입니다. 유엔은 세계 평화와 인권을 위해 전 세계 사람들이 머리를 맞대고 지혜를 짜 내는 곳입니다. 코르차크가 어린이들과 함께 가스실에서 죽음을 맞은 뒤, 끔찍한 전쟁이 끝나고 나서 유엔이 만들어졌습니다. 유엔은 '인종, 성, 언어, 종교의 차별이 없는 사회, 인간의 기본적 자유와 인권이 존중되는 사회, 인간의 존엄과 가치가 보장되는 사회'를 이루기 위해 여러 가지 일을 하고 있습니다.

유엔은 1948년에 '세계 인권 선언'을 채택하고, 모든 회원국이 이 선언의 내용을 반드시 지키기를 바라고 있습니다. 세계 인권 선언이 채택된 12월 10일은 '세계 인권의 날'로 기념합니다. 또한 평생 어린이를 위해 헌신한 코르차크의 숭고한 정신을 기려 1989년에는 '어린이 권리 협약'을 선포했습니다. '어린이 권리 협약'은 어린이가 단지 작은 어른, 보호를 받아야 하는 약자가 아니라, 이미 어른과 마찬가지로 하나의 인간으로서 존엄을 지키며 자신의 삶을 위해 권리를 행사하는 주체라는 점을 강조합니다.

또한 '어린이 권리 협약'은 타고난 생명을 보호받고 건강하게 자랄 어린이의 권리를 밝히고 있습니다. 어린이의 의견을 존중하고, 차별해서는 안 된다고 분명히 밝히고 있습니다. 어린이에게 영향을 미치는 문제를 결정할 때 어린이는 자신의 의견을 말할 권리가 있습니다. 어른들은 어린이의 의견에 귀 기울여야 하고요. 또한 어린이는 어떤 경우에도 차별을 받아서는 안 됩니다. 어떤 인종이든, 어떤 종교를 믿든, 어떤 언어로 말하든, 돈이 있든 없든, 장애가 있든 없든, 모두 동등한 권리를 누려야 합니다.

코르차크의 어릴 때 모습.
이때는 헨리크 골드슈미트라고 불렸어요.
《마치우시 1세》라는 책에서 코르차크는
이런 재미있는 말을 남겼습니다.
"제가 왕이 되고 싶어 했던 시절이군요."

1935년쯤 찍은 야누시 코르차크의 모습.

어린이에게도 표현의 자유가 보장되어 있습니다. 말이나 글, 예술을 통해 각자의 생각을 표현할 권리가 있으며, 국경을 넘어 모든 정보와 생각을 서로 주고받을 수 있는 권리도 있습니다.

코르차크는 교육은 어린이를 '인격체'로 존중하는 것으로부터 시작해야 한다고 강조했습니다. 어린이는 어른과 '동등한' 인격체입니다. 따라서 어른의 의지를 어린이에게 일방적으로 강요하는 것은 잘못된 교육입니다. 어린이 스스로 자신을 실현하도록 돕는 교육이 필요합니다. 어린이는 아직 학교에서 배울 것이 많지만, 학교 규율은 어디까지나 어린이의 인격을 존중하는 방향으로 적용되어야 합니다. 그렇게 하는 것이 코르차크의 정신을 이어받는 길입니다.

코르차크의 이런 사상을 담은 어린이 권리 협약(유엔 아동 권리 협약)은 54개 조항으로 되어 있으며, 주요한 몇 조항을 소개합니다.

2조 차별 금지
어린이는 절대 차별 받아서는 안 됩니다. 부모님이 어떤 사람이건, 어떤 인종이건, 어떤 종교를 믿건, 어떤 언어를 사용하건, 부자건 가난하건, 장애가 있건 없건 모두 동등한 권리를 누려야 합니다.

6조 생존과 발달
어린이는 타고난 생명을 보호받고 건강하게 자랄 권리가 있습니다.

12조 의견 존중
어린이에게 영향을 미치는 문제를 결정할 때, 어린이는 의견을 말할 권리가 있습니다. 어른은 어린이의 의견에 귀를 기울여야 합니다.

13조 표현의 자유
어린이는 말이나 글, 예술을 통해 자신의 생각을 표현할 권리가 있으며, 국경을 넘어 모든 정보와 생각을 서로 주고받을 수 있는 권리도 있습니다.

19조 폭력과 학대
부모님이나 다른 보호자가 정신적, 육체적으로 폭력을 쓰거나 학대를 하거나, 돌보지 않고 방치하는 일이 없도록 정부는 모든 노력을 기울여야 합니다.

28조 인격을 존중하는 교육
어린이는 교육을 받을 권리가 있습니다. 적어도 초등교육은 무료로 받을 수 있어야 하며, 능력에 맞게 더 높은 교육도 받을 수 있어야 합니다. 또한 학교 규율은 어린이의 인격을 존중하는 방법으로 운영되어야 합니다.

신재일
(정치학 박사, 어린이책 작가, 《둥글둥글 지구촌 인권 이야기》 저자)

반유대주의에서 홀로코스트까지

반유대주의(유대인 배척 운동)
기독교인들은 오랫동안 유대교를 '저주 받은' 종교라고 여겼습니다. 왜냐하면 유대교는 예수 그리스도를 하느님으로 보지 않거든요. 그래서 유대인들은 중세시대 때부터 적개심의 대상이었어요. 오늘날과 같은 의미의 반유대주의는 19세기에 등장합니다. 세상에서 일어나는 모든 불행이 유대인들 때문이라고 보는 사상이죠. 이처럼 반유대주의는 인종차별의 한 형태입니다.

바르샤바 게토(유대인 강제 거주지)
나치 일당은 바르샤바에서 한 구역을 설정해 40만 명 이상의 유대인들을 강제로 몰아넣고, 트레블린카의 가스실로 데려가 몰살시키기 전까지 그곳을 벗어나지 못하게 했답니다. 강제 거주지 안은 아주 비참한 환경이었어요. 이 구역을 '게토'라고 부릅니다. 1943년 4월부터 5월까지 약 한 달 동안, 견디다 못한 수백 명의 유대인이 나치 행태에 반발하여 시위를 벌였어요. 그러자 나치는 대포와 장갑차로 무장한 군인 2천 명을 동원하여 그때까지 게토에 남아 있던 유대인 수천 명을 한꺼번에 몰살하였습니다.

홀로코스트
홀로코스트는 히브리어로 '쇼아(Shoah)'라고 합니다. 원래 '재앙'이라는 뜻인데, 클로드 란츠만(Claude Lanzmann) 감독의 영화 《쇼아》(1985)로 대학살(홀로코스트)이라는 의미를 갖게 되었습니다. 이 영화는 제2차 세계 대전 당시 나치가 자행한 유대인 학살을 다룬 기록물입니다. 나치는 유대인들을 붙잡아 죽을 때까지 노동을 시켰고, 먹을 것도 주지 않았으며, 총이나 가스실 가스로 학살하였습니다. 특히 아우슈비츠에서는 백만 명에 이르는 유대인들이 가스실에서 살해당했습니다.

고아원의 축구팀.

야누시 코르차크가 쓴 《마치우시 1세》 중에서

마치우시는 길게 얘기를 할 작정이었기 때문에 먼저 물을 한 모금 마신 후 입을 열었어요.

"장관 여러분, 국가를 통치해 보니 무엇이 부족한지 알 수 있었어요. 당신들은 이 나라에 어른들만 있는 것이 아니라 어린이들도 있다는 사실을 잊은 것 같아요. 어린이도 수백만 명에 달하기 때문에 어린이들도 정부에 참여해야 합니다. 그러므로 앞으로 의회를 두 개 설치해야겠어요. 하나는 어른 국회의원과 장관들을 위한 것이고, 다른 하나는 어린이 의원이나 장관들을 위한 의회예요."

……

마치우시는 다시 길게 얘기해야 했기 때문에 물을 네 모금이나 마셨어요.

……

"매우 어려운 일이란 것은 알고 있어요. 개혁은 항상 어려운 것이니까요. 그래도 시작해야 합니다. 내가 성공하지 못한다면 내 아들, 내 손자가 넘겨받아 끝까지 밀고 갈 거예요."

장관들은 모두 머리를 숙였습니다. 마치우시가 이렇게까지 길게, 이렇게까지 현명한 말을 한 적이 없었거든요. 마치우시의 말은 일리가 있었어요. 어린이들도 국가의 구성원이므로 참여할 권리가 있으니까요. 그런데 어떻게 어린이들이 국가를 통치할까? 과연 그럴 능력이나 있을까? 통치하기에는 너무 어리석지 않을까? 어른 장관들은 이런 말을 하고 싶었지만, 할 수 없었어요. 마치우시 왕도 어린이였기 때문이죠.

어른들의 우려가 사실이라고 해도 어쩔 수 없었어요. 아무리 어렵다고 해도 일단 시도는 해 봐야 알 수 있으니까요. 마치우시 왕은 시험 삼아 신문을 발행하는 것으로 어린이들의 능력을 살펴보기로 했어요. 마치우시 왕이 부자였기 때문에 돈은 걱정할 필요가 없었어요.

"하지만 누가 기사를 쓰죠?" 어른 장관이 물었어요.
"벌써 기자는 한 명 뽑아 놨어요." 마치우시 왕이 답했어요.
"장관은 누가 하나요?" 어른들이 또 물었어요.
"펠릭스가 할 겁니다." 마치우시 왕이 대답했죠.

마치우시 왕으로서는 언제나 자기 친구였던 펠릭스를 설득하는 일이 매우 중요했어요.

……

펠릭스는 항상 아이들과 함께 있었고 그들과 함께 거리를 뛰어다녔어요. 어린이들의 마음을 누구보다 잘 아는 사람이었던 거예요!

해마다 고아원 어린이들은 로지츠카라는 시골 지역에서 몇 주 동안 휴가를 보냈습니다. 이 사진은 어린이들이 농장 일을 돕는 모습입니다.

야누시 코르차크가 남긴 말들

"어린이는 미래의 사람이 아닙니다. 현재의 사람입니다."

"어린이들이 당신에게 거짓말하지 않기를 바라시나요? 그렇다면 비밀을 간직할 수 있도록 해 주세요. 아니면 '알고 있지만 말씀드릴 수는 없어요.'라고 솔직하게 이야기할 수 있게 해 주세요."

"어린이들을 답답한 벽으로 가둬 놓지 말고 날아오를 수 있도록 해 주어야 합니다."

"어린이들의 일분 일초를 존중해 줘야 합니다. 어린이들 스스로 오늘을 살지 못한다면, 어떻게 내일을 견딜 수 있겠습니까?"

"어린이들은 자신들의 문제를 정당하고 진지하게 받아들여 달라고 요구할 권리가 있습니다."

"우리는 어린이들이 완벽해야 한다는 환상을 버려야 합니다."

"어린이는 대박을 터뜨릴 복권이 아닙니다. 언젠가 정부 청사에 초상화가 걸리거나 극장 로비에 동상이 세워질 존재로 취급해선 안 되지요. 모든 어린이는 한 가정을 행복과 진실로 빛낼 수 있는 불꽃을 갖고 있는 존재입니다."

"어린이 법정은 큰 아이가 어린 아이를 가혹하게 대하지 않도록 하고, 어린 아이가 큰 아이를 귀찮게 하지 않도록 잘 살펴야 합니다. 또한 영악한 아이가 미숙한 아이를 악용하지 않도록 해야 하며, 장난이 심한 아이가 장난하고 싶지 않은 아이에게 짓궂은 장난을 걸지 않도록 해야 합니다. 그리고 화 잘 내는 아이가 걸핏하면 싸움을 일으키지 않도록 해야 하며, 다른 아이들이 화 잘 내는 아이를 쓸데없이 자극하지 않도록 해야 합니다."

"교사는 어린이들과 글로 소통하는 것을 망설이지 마십시오. 우편함은 결정을 조금 늦추는 효과가 있습니다. '나에게 편지를 쓰렴. 한 번 생각해 보자!'라는 뜻인 거죠. 이를 통해 어린이들은 바로 대답을 받기보다 참고 기다리는 법을 배울 수 있습니다. 당장 행동하기보다 한 번 더 생각하는 기회를 갖게 되는 것이죠."

"예전에는 재미있는 책들을 읽었습니다. 지금은 어린이들을 읽고 있습니다. 저는 '벌써 알고 있다'는 말을 하지 않습니다. 어린이를 한 번 읽고, 두 번 읽고, 세 번 읽습니다. 하지만 열 번을 읽어도 그 어린이를 알 수 없습니다. 어린이는 오래 전부터 있어 왔고, 앞으로도 계속 존재할 엄청나게 큰 세계이기 때문입니다. 저는 그런 큰 세계의 과거 모습 조금과 현재 모습 조금을 알고 있을 뿐입니다. 그 너머는 어떻게 알 수 있겠습니까?"

고아원에는 어린이 오케스트라도 있었는데, 코르차크도 열심히 참여했어요.

● 추천글

언제나 사랑하는 어린이와 함께한 야누시 코르차크.
어린이를 향한 코르차크의 사랑이 유독 아름답고 위대한 것은
어린이를 '제대로 사랑하라'고 외치고, 외친 대로 실천했기 때문입니다.
엄격하면서도 친절한 사랑.
코르차크는 어린이들의 현재는 어린이들의 미래 못지않게 중요하다고 외쳤습니다.
"어린이들 스스로 오늘을 살지 못한다면, 내일은 어떻게 견디겠는가?"
이 책은 어린이들로 하여금 자신의 타고난 권리를 잘 누리고 있는지 돌아보게 해 줄 것이고,
어른들로 하여금 어린이들을 제대로 사랑하고 있는지 돌아보게 해 줄 것입니다.

— 김경희(유니세프한국위원회 기획조정본부장) —

'어떻게 아이들을 사랑해야 하는가'는
야누시 코르차크가 쓴 책의 제목입니다.
이 질문은 코르차크 전 생애의 'calling(소명)'이자,
지금 우리들에게 날카롭게 던져지는 양심의 채찍이 되었습니다.
사람은 믿음의 대상이 아니라 사랑해야 할 존재라고 말하지요.
코르차크는 '사랑하기 위해서' 그리하여 '사랑하는 아이들을 위해 죽기 위해서'
태어난 것처럼 온 마음과 온 몸으로 아이들과 함께 했습니다.
저마다 자기 욕망을 위해 앞 만 보고 달려가는 비정한 세상을 향해
'지금 우리의 아이들은 어디에 있는가?'라며 경고의 종소리를 들려주는 책입니다.

- 노경실(동화작가) -